STORIA DEL FASCISMO

di Roberto D'Amato

INDICE

CAPITOLO I

INTRODUZIONE

Il primo conflitto mondiale aveva provocato in Europa una fortissima crisi, infatti mai fino ad alloral'economia, le società e gli Stati erano stati sottoposti ad uno sforzo così intenso e moltitudini di uomini erano stati protagonisti nelle trincee di una vita dura maturando una coscienza politica. L'epoca della Bella Epoque era finita da un pezzo, un periodo duro si prospettava per le istituzioni liberali e per l'economia del profitto, dove si erano avute grandi innovazioni nelle strutture economiche, nella società e nella politica. In Russia avvenne un evento epocale, la "rivoluzione d'ottobre" provocata da Lenin (origine ebrea, ma di famiglia principesca) travolse uno stato semifeudale che era rappresentato dagli Zar (la servitù della gleba fu abolita solamente nel 1856 circa). Nei Paesi sconfitti dalla prima guerra mondiale, i socialisti e comunisti guidarono la rivoluzione contro i governi che avevano portato la Germania e l'Austria al disastro economico e al suicidio politico. I Paesi vincitori avevano delle divergenze per quanto concerne la punizione da riservare agli ex imperi centrali, per Francia e Gran Bretagna che avevano solamente ed unicamente un fine punitivo, la Germania doveva pagare esosi danni di guerra, poi gli anglo-francesi avevano solo l'intenzione di trovare nuovi mercati, nuove colonie e materie prime, mentre Wilson (presidente degli USA) aveva un atteggiamento meno vendicativo nei confronti della Germania e dell'Austria, più conciliante verso i vinti, la perdita delle elezioni presidenziali, insediarono un nuovo presidente americano assertore dell'*isolazionismo* americano, il quale abbandonò al proprio destino gli ex imperi centrali senza intervenire sulle durissime condizioni che dovettero subire da parte degli altri due Paesi europei vincitori del primo conflitto mondiale. In Italia la fine del conflitto creò forti tensioni sociali e politiche, nonostante che l'Italia avesse allargato i propri confini, però non riuscì a coronare alcune ambizioni nel campo delle colonie e nell'approvvigionamento delle materie prime. Altro schiaffo che l'Italia dovette subire fu l'influenza che la Francia riuscì ad esercitare nell'area danubiano-balcanica. L'Italia era entrata in guerra contro la volontà della maggioranza del parlamento e del Paese, solamente alcuni strati della popolazione erano favorevoli all'intervento nel conflitto piccola e media borghesia e in seguito anche gli industriali si associarono al partito guerrafondaio. L'entrata in guerra dell'Italia oltre ad essere voluta dal ministro Calandra e dal re, aveva inoltre avuto l'appoggio dei nazionalisti (liberare le terre ancora in mano all'Austria, Trento, Trieste, Fiume, Pola, Zara) da alcuni socialisti ed ex socialisti capeggiati da Mussolini. Finita la guerra il peso delle sofferenze era ricaduto sugli operai e contadini, quindi se durante il conflitto il Paese fu diviso tra interventisti e disfattisti, quindi quel blando tentativo di rendere uniti gli italiani, anzi al termine delle ostilità, la

nazione cadde in un baratro senza ritorno, dove le posizioni

assunsero un tono fortemente antitetico. Lo Stato italiano

dopo la guerra aveva aumentato le sue zone d'influenza, ma

aveva accentuato il distacco dal resto del Paese, che si era

molto impoverito, a causa di un'inflazione crescente e da un

deficit di bilancio pesante, i poteri forti (le cosiddette lobby

economiche) avevano influenzato l'azione del governo sia in

politica interna che estera, allontanandosi sempre di più dagli

interessi del popolo e trasformando sempre di più dagli

interessi del popolo e trasformando lo stato a vero esecutore

del volere dei ceti industriali ed economici. Questa profonda

crisi economica nel 1919-1920 colpì soprattutto i ceti operai,

che trovandosi ormai alla fame aspiravano solamente a fare la

rivoluzione per abbattere una borghesia troppo esosa. Nelle

campagne la situazione era ancora più esasperata, perché il

governo aveva promesso ai contadini più poveri i terreni

incolti (i cosiddetti latifondi dei nobili e della Chiesa), ma il loro atavico desiderio di avere un piccolo appezzamento di terreno rimase una mera chimera (anche se bisogna ammettere che nelle regioni centro settentrionali i mezzadri e i piccoli affittuari a prezzo di fortissimi sacrifici riuscirono a comprare piccoli terreni). Altro malcontento strisciante che regnava riguardava i piccoli e medi borghesi, i quali avevano sì appoggiato la guerra, molti di loro avevano sofferto nelle trincee come ufficiali, quindi avevano goduto di un certo prestigio sociale, era che il conflitto era cessato ed erano tornati alla vita civile, il loro ruolo era stato declassato, poi questi borghesi erano portatori di un certo idealismo che sfociava in una forte richiesta di giustizia sociale. L'odio di questi borghesi era rivolto in modo sviscerale verso gli speculatori della guerra che si erano arricchiti con il sangue del popolo, però la piccola e media borghesia odiava anche il proletariato, perché lo sentiva emotivamente e culturalmente lontano dalla sua concezione politica, quindi il disprezzo per i socialisti era di pari grado agli industriali sanguisughe che avevano incrementato i profitti durante la guerra. Questa borghesia era ancora più frustrata perché il governo durante i trattati di pace non era riuscito ad avere qualche colonia della Germania, il ceto medio in questo caso parlava di "vittoria mutilata" ed accusava chi deteneva il potere di essere stati rinunciatari, questa classe sociale in seguito fornirà la massa al dannunzianesimo-fiumano prima, al fascismo poi. Il suffragio universale concesso da Giolitti, poi le elezioni del 1919 avevano rafforzato notevolmente il partito socialista, indebolito il partito liberale e consacrato la nascita di un partito cattolico con una forte base sociale (partito popolare). Nel settembre del 1919 Gabriele d'Annunzio partendo da Ronchi dei Legionari conquistò Fiume, con i suoi legionari, mettendo in difficoltà il governo (nel *libero comune di Fiume*, sotto la guida di Gabriele d'Annunzio fu ammesso il divorzio), le donne godettero degli stessi diritti degli uomini, fu ammesso il nudismo visto non come mera volgarità bensì come espressione dell'arte, anticipando notevolmente il cosiddetto movimento del 1968, solo che per ragioni politiche da certe forze politiche il sommo poeta soldato viene definito come un volgare depravato, avvolto da continue elucubrazioni mentali. Fu chiamato per l'ultima volta a guidare il governo 1920-1921 Giovanni Giolitti, questo politico si mosse su diverse direttrici, rafforzò il ceto dirigente liberale, sfruttò la violenza dei fascisti per reprimere l'ondata rivoluzionaria propugnata dai socialisti che attraverso l'occupazione delle fabbriche che volevano dare un ruolo fondamentale nella società alle masse popolari, non solo ma il primo ministro Giolitti cercò di far pagare alle oligarchie economiche un po' di tasse, riuscì così il capo del governo a risanare in parte le finanze pubbliche. In Italia arrivò la crisi nel 1921 con gravi conseguenze economiche si mescolarono alle problematiche sociali e politiche. La caduta dei prezzi ebbe anche in Italia alcuni effetti benefici sulla finanza pubblica nel senso che bloccò l'inflazione e il deficit del bilancio, però questo decremento della circolazione della moneta provocò negli operai diminuzioni salariali, disoccupazione, in compenso si ebbe una palese diminuzione del prezzo del pane grazie anche alla pressione dei socialisti, che in cambio ottennero lo scontro politico e rinunciarono all'egualitarismo ad ogni costo, mentre i cosiddetti ceti plutocratici, nonostante le concessioni ottenute da Giolitti in materia di protezionismo doganale e di spesa pubblica non erano più disposte a subire pressioni fiscali. Benito Mussolini era nato in Romagna da padre popolano e socialista ed era stato un acceso socialista, in seguito interventista per la guerra di Libia nel 1911-1912, poi a favore del primo conflitto mondiale, possiamo riassumere in questo modo il carattere del romagnolo Mussolini, carattere forte, irruente, amante della violenza, non mancava talvolta di una certa schietta umanità condita da sprazzi di generosità, una generosità fatta soprattutto di orgoglio e di vanità. La sua invidia sociale era dovuta più che da senso di giustizia e da spirito rivoluzionario, da un odio sviscerale verso i ricchi (che in parte posso agire, perché anch'io ho subito dalle persone benestanti angherie sociali, subdole, non le vedi ma le senti) poi quando Mussolini raggiunse il potere si comportò come il classico cafone arricchito che si è realizzato, mantenendo tuttavia il suo spirito spontaneo popolare. Amava il denaro, ma non fu il suo fine prioritario, malgrado la sua attitudine all'azione decisa cercò di evitare il più possibile uccisioni e delitti perché cercava sempre di valutare il rischio politico, quando il costo politico non sussisteva ordinò dei massacri senza pensarci due volte, come la guerra di Etiopia nel 1925-1936 (dove fu fatto ampio uso dei gas asfissianti contro il popolo etiope, anche se gli abissini usavano tagliare i testicoli ai loro nemici e violentare le donne come segno della loro civiltà) non importa sea rimetterci la pelle erano inermi civili. Fu un corruttore abile e colto che al momento sapeva stuzzicare tutte le debolezze degli uomini, sia che si trattasse di popolo o potenti, non credeva negli uomini e li detestava, non aveva amici. Fondamentalmente Mussolini era un debole, sovente volubile nelle decisioni e non determinato nelle posizioni da prendere. Ma nei periodi di estro questa che sembrava indecisione era in realtà la sua qualità politica più elevata che faceva di lui un grande stratega: la capacità di saper attendere, agiva al momento giusto, sapeva ottenere il massimo del risultato con il minimo sforzo. Come tutti gli uomini politici la sua grande bramosia era ilpotere, però lui almeno pensava un po' al popolo, non come certi politici oggi che prendono i voti della collettività e dopo fanno una politica più retriva e antipopolare della dittatura, perché i nostri politici dicono che i tiranni sono demagogici, loro cioè i nostri odierni capi, sono una beffa, perché prendono le mandato degli elettori, dopo attuano una politica elitaria, scusate le mie ripetizioni, ma ho voluto ribadire l'ipocrisia e la malvagità subdola, che hanno i nostri attuali governanti, meditate gente; lo so nessuno ha la verità assoluta. Ritornando a Mussolini, egli fu un grande giornalista, infatti aveva la capacità di capire la situazione politica grazie anche suo intuito molto acuto, capacità di fare il polemista, intelligenza veloce, vivace e profonda, cultura enorme, ordinata e precisa, non come sono io a volte un po' dilettante. Fra i capi del partito socialista Mussolini fu tra i dirigenti del partito socialista il più rivoluzionario in seguito abbandonò la sua forte politica, divenne prima socialista interventista durante la guerra di Libia (1911-1912), inoltre fu favorevole alla prima guerra mondiale del 1915-1918, ribadendo il suo pensiero interventista, la cosa più nobile e grande che Mussolini come Hitler partecipò alla grande guerra degli imperi centrali contro l'arroganza anglo-americana, con il grado di caporale. Dopo la guerra tutti lo consideravano finito, perché a sinistra c'erano i socialisti, a destra i conservatori e i nazionalisti capeggiati da d'Annunzio (principe di Montenevoso). Mussolini non si diede per vinto perché a guerra finita la situazione politica era molto fluida e bisognava cominciare, poi da una cosa poteva nascere un'altra cosa, lasua azione fu sempre improntata da un opportunismo improvvisato, che lui faceva ricondurre sulla concretezza, ecco perché alcuni videro nel Fascismo la coerenza e altri constatarono un continuo mutamento che all'inizio fu veloce e poi quando questo mutamento totalitario prese il potere attuò un cambiamento lento e graduale. Il 23 marzo 1919 a Milano, Mussolini assieme ad altri suoi seguaci fondò il primo fascio di combattimento, il nome si ispirava ai fasci di azione rivoluzionaria dell'intervento e al fascio parlamentare di difesa nazionale fondato dopo Caporetto. Il movimento intendeva agire come legittimo erede della tradizione sindacalista-rivoluzionaria e di quella nazionalista. Rivendicava all'Italia Fiume e la Dalmazia, questo sdoppiamento politico faceva sì che questo movimento populista insediasse a sinistra il partito socialista, su alcune tematiche sociali e popolari, in realtà il fascismo era un movimento prettamente di destra in competizione con d'Annunzio e con i nazionalisti, questo movimento ebbe fin dall'inizio l'appoggio dell'alta borghesia milanese. Il movimento delle elezioni generali del 1919 ebbe scarso successo, allora Mussolini da buon camaleonte della politica cercò d'ingraziarsi i cosiddetti proprietari terrieri, pur mantenendo dentro il movimento fascista una pseudocomponente di sinistra, si proclamò anche liberista infatti si scagliò contro l'esosa pressione tributaria e le forti rivendicazioni sindacali che mettevano in forte difficoltà i ceti possidenti (politica contro i salari elevati e i contratti collettivi), nonostante questo mutamento di rotta, Mussolini cercò lo stesso di conquistare una base considerevole dei ceti popolari. Il fascismo per risolvere il perenne contrasto tra padroni ed operai si fece partecipe di un'armonia sociale nel mondo del lavoro. Mussolini per mitigare la conflittualità sociale tra le classi accentuò una specie di spiritualismo nazionale fra gli individui dello stesso stato. A partire dall'autunno 1920 lo squadrismo fascista agì contro gli operai e contadini a favore degli agrari, specialmente nelle regioni Emilia, Toscana e Lombardia (Valpadana). Le formazioni d'azione fasciste distrussero con inaudita violenza le leghe e le cooperative socialiste, poi anche quelle popolari. Facevano parte delle squadre d'azione fasciste tutte le componenti sociali (idealisti, figli di ricchi, esaltati, violenti, ex combattenti) tutti erano giovani e fieri della loro gioventù. Orgogliosi gli ex militari che avevano aderito al Fascismo o i fascisti che utilizzavano la prima guerra mondiale esaltando l'arditismo, la vita e il rispetto per gli altri non avevano alcun peso per loro, anzi la denigrazione dell'avversario sovente veniva ritenuta equa, quindi la loro lotta politica negli anni venti assunse in Italia una radicalizzazione bestiale. Il Fascismo all'inizio era un movimento circoscritto cittadino, in seguito si diffuse anche nelle campagne e i sindacati fascisti presero il sopravvento di quelli socialisti, queste organizzazioni sindacali fasciste (riunivano masse rurali, proletarie e piccolo borghesi). Questo movimento totalitario inoltre godeva dell'appoggio incondizionato dei grandi proprietari terrieri del centro nord i cosiddetti agrari, mentre gli industriali settentrionali erano tutelati da Giolitti (protezionismo, commesse statali). Il Fascismo aveva inoltre fortissimi legami con la grande industria siderurgica, infatti fu provato in modo recente che l'ILVA finanziava il giornale diretto da Mussolini e da suo fratello, cioè "Il Popolo d'Italia", alcuni personaggi di sinistra sostennero che i finanziatori dell'impresa fiumana di d'Annunzio furono i grandi industriali del nord, che avevano come fine mantenere il Paese nel caos, al fine di dividere le masse. Altra cosa curiosa di Mussolini, mentre da un lato cercava di catturare le masse con una politica populista e sinistreggiante, dall'altra parte nei confronti degli industriali si proclamava liberista adducendo come motivazione la sua lotta contro l'aumento delle imposte e delle tasse, insomma il Fascismo si adoperò da mediatore sociale tra l'alta borghesia eroica ed il proletariato. Il Fascismo in pochissimo tempo si diffuse non solo nelle campagne, anche nell'Italia centro settentrionale quindi da 17.000 aderenti nel 1919, nel novembre del 1921 anno della sua fondazione arrivò a 31.000 iscritti, questo movimento crebbe in modo tumultuoso, spontaneo, sovente agì nell'illegalità, il governo di Giolitti e Bonomi tollerarono questi comportamenti al di fuori della legalità perché speravano alla lunga di assorbirlo al potere, non furono rari i casi dei capi (chiamati *ras*) che non vollero ubbidire al potere centrale di Mussolini e della sua cerchia, così molti idealisti anche persone di estrazione anarchica abbandonarono il fascismo, traditi dal suo falso spiritorivoluzionario e capirono che questo movimento politico aveva come tutti i partiti il precipuo interesse di prendere il potere, quindi il detto napoletano che comandare è meglio che fare l'amore èsempre valido, in ogni epoca storica. Mussolini fu accolto come un salvatore della patria da parte dei ceti dirigenti e dominanti, perché le classi sociali elevate temevano il partito socialista e la sua eccessiva deriva democratica (controllo sull'applicazione dei contratti di lavoro, salari più dignitosi, libertà eccessiva di espressione, imposizione fiscale più alta agli industriali e ai grossi imprenditori agricoli), quindi quando Giolitti, Facta, poi Calandra gli offrirono di far parte dei qualche ministero, Mussolini rifiutò, perché lui aspirava a guidare il Paese, infatti con la *marcia su Roma* (1922) e l'incontro con il Re il Duce riuscì a coronare il suo agognato

desiderio: prendere il potere.

CAPITOLO II

LA PRESA DEL POTERE DEL FASCISMO

Mussolini, raggiunto il potere, formò un governo misto di conservatori, nazionalisti, liberali, popolari e fascisti, all'inizio il tribuno romagnolo (nato a Predappio) usò metodi che possiamo definire spregiudicati perché sotto l'apparenza della legalità non riusciva a controllare i capipopolo più violenti, quindi adoperò il cosiddetto *metodo del bastone e della carota*, riuscì a rassicurare i ceti dominanti della bontà del suo operato di mantenere l'ordine e la pace sociale. Mussolini in seguito cacciò i popolari dal governo, parallelamente riuscì ad ottenere l'appoggio del Vaticano e i cattolici più conservatori passarono con il fascismo, questo sostegno indiretto della Chiesa al fascismo si ebbe in modo più marcato quando Mussolini intervenne nel salvataggio del Banco di Roma, vicino agli ambienti religiosi. Mussolini attraverso la legge elettorale Acerbo, che privilegiava il sistema maggioritario, mirava a rendere inoffensive le opposizioni di sinistra (socialisti, comunisti), ridimensionando la loro pressione politica, con il sistema del bastone e della carota mirava a consolidare il potere. Mussolini giunto al potere attuò la fascistizzazione strisciante, diede ai prefetti il potere di limitare la libertà di stampa, molti consigli comunali e provinciali furono sciolti perché ostili al fascismo, le associazioni sindacali in pratica vennero sciolte e messe sotto la tutela della prefettura, al nord il partito socialista era forte, nel mezzogiorno d'Italia i fascisti avevano una forza elettorale considerevole, Amendola deputato liberale assieme ad altri parlamentari socialisti come Giacomo Matteotti guidavano l'opposizione, in seguito questo rappresentante del parlamento fu ucciso dai fascisti estremisti, non si seppe mai se il mandante diretto o indiretto fu Mussolini. Benito Mussolini cercò di centralizzare il potere, eliminando l'autonomia dei vari ras locali (capi fascisti di una città o di una provincia) fu creato al Vicinale una specie di corpo segreto fascista che agiva al di fuori del potere legale, i maggiori capi furono Rossi e il toscano Amerigo Dumini, infatti furono pestati alcuni fascisti dissidenti come Cesare Forni e Alfredo Misuri e deputati dell'opposizione come Amendola. Quando fu ucciso il deputato socialista Giacomo Matteotti, i parlamentari in segno di protesta abbandonarono il parlamento e dettero vita all'Aventino, Mussolini temeva in quest'occasione di perdere il potere, ma nessun capo carismatico delle opposizioni fu in grado di approfittare della situazione per far cadere Mussolini, il capo del fascismo grazie anche all'appoggio incontrastato delle campagne si riprese il potere che era fortemente vacillato dopo l'omicidio efferato del deputato socialista. Con la legge del 3 gennaio 1925 Mussolini accentuò quasi del tutto il totalitarismo fascista, del vecchio stato liberale non rimasero che briciole, in campo sindacale Mussolini cercò di creare un rapporto non conflittuale fra operai ed industriali, creando dei sindacati

unitari che raggruppassero padroni e classe lavoratrice, anche

gli imprenditori all'inizio erano contrari dovettero cedere al

volere del capo del fascismo, nonsolo ma sempre su pressione

di Mussolini dovettero aumentare i salari.

CAPITOLO III

LA FASCISTIZZAZIONE

Lo stato iniziò la politica di fascistizzazione nel 1925 e 1926 ed ebbe termine in pratica nel 1929 con la Conciliazione e con il plebiscito. La libertà di stampa venne fortemente limitata nel 1925, la Massoneria fu messa fuorilegge (anche se Mussolini da giovane tentò di entrarvi, ma dato che era pazzerello non fu ammesso), furono emessi molti decreti legge, senza tenere conto del potere legislativo, vennero riformati i codici, la burocrazia fu fascistizzata il capo del governo come figura era superiore agli altri ministri e del suo operato ne rendeva conto solo alla corona, la burocrazia venne occupata dal potere fascista e i funzionari scomodi trasferiti, venne introdotta la pena dimorte e creato un tribunale speciale per giudicare i reati contro la sicurezza dello stato. Queste leggi ultrafasciste furono volute da due ex nazionalisti, Luigi Federzoni ministro dell'Interno (Mussolini durante il delitto Matteotti ne era stato il capo e poi l'aveva affidato a Federzoni ministro delle Colonie, dato che lui impersonava il conservatore monarchico benpensante, quindi tranquillizzava quella considerevole parte dell'opinione pubblica bacchettona. La direzione del partito fu affidata a due estremisti Francesco Giunta e a Farinacei, Mussolini questi uomini non li amava perché troppo duri e ortodossi nell'interpretare i dettami del fascismo, però il capo del fascismo li usava perché servivano anche a lui persone dalla personalità energica per mantenere il potere. L'attaccamento di Mussolini per lo stato si manifestava soprattutto quando c'erano delle controversie, per quanto concerne le competenze; i funzionari statali avevano la preminenza rispetto ai capi fascisti, per esempio il Ministro degli Interni prevaleva sul gerarca fascista, il prefetto sul federale. Mussolini voleva apparire agli occhi dei conservatori l'uomo moderato che conteneva gli animi facinorosi del partito, questa sua scelta nell'affermare che lo stato era superiore al partito, porterà il Duce a fare assorbire il suo movimento politico dell'apparato statale che perderà così l'indipendenza. Gli oppositori alla lunga vennero picchiati, incarcerati e uccisi, vedi Amendola, Piero Godetti (torinese), e Gramsci, fu tollerata una opposizione liberale ma dal punto di vista politico non era in grado d'interferire nella politica (ricordiamo Benedetto Croce, Francesco Ruffini), dopo l'attentato a Mussolini da parte di Tito Zaniboni le misure repressive nel novembre 1926 furono ulteriormente inasprite. Con la legge del 3 aprile venne sancita formalmente la rinuncia allo sciopero ed alle commissioni interne da parte dei sindacati, il 21 aprile del 1927 fu promulgata la *"Carta del Lavoro"*, in cui venivano riaffermati i principi di armoniosità tra capitale e lavoro ed eliminate in pratica la conflittualità, quindi il lavoro soggetto all'economia, e gli operai per trovare lavoro dovevano iscriversi ai diversi sindacati fascisti (che nel frattempo da una presenza campagnola si erano diffusi anche nella maestranze delle aziende del nord). Gli ambienti conservatori e gli industriali si opponevano a una totale fascistizzazione dello stato, volevano in pratica che lo stato liberale, almeno dal punto di vista economico, il corporativismo esasperato del fascismo poteva mettere in discussione il capitale in mano a poche oligarchie economiche. Uno degli alfieri del sindacalismo fascista e padre del corporativismo del regime fu Giuseppe Bottai, egli auspicava un rapporto di dialogo fra operai e industriali e non di scontro, infatti lui voleva la creazione nel sistema politico di una forma di rappresentanza della politica tradizionale (affidata alla Camera); mentre il Senato sarebbe stato formato dai rappresentanti dei sindacati o corporazioni, questo progetto non fu attuato perché il fascismo raggiunse il potere assoluto e ritenne deleteria la funzione dei partiti. Nel 1928 ci furono dei contrasti tra il fascismo e il re in materia di successione reale, perché il Gran Consiglio del Fascismo, in questo campo voleva fortemente intervenire limitando in modo leggero la libertà della corona. La Camera venne sostituita dai rappresentanti dei sindacati o corporazioni che in seguito vennero selezionati dal Gran Consiglio del Fascismo, la segretezza del voto inesistente, dieci anni più tardi la Camera venne chiamata Camera dei Fasci e delle Corporazioni, ne facevano parte i rappresentanti del Consiglio Nazionale del partito e del Consiglio Nazionale delle Corporazioni. Nel febbraio del 1929 Mussolini stipulò i Patti Lateranensi con la Chiesa cattolica, questo atteggiamento del Duce se a molti osservatori politici potè sembrare un mero calcolo politico, perché un romagnolo, ex socialista, ex anticlericale che riusciva a fare l'accordo con il papa Pio XI fu un grande successo. Alla Conciliazione era contrario anche il massone re Vittorio Emanuele III, (si sapeva che i Savoia erano sempre stati contro la Chiesa, per ragioni di potere già ai tempi di Carlo Alberto, con la legge delle guarentigie e con l'abolzione del diritto d'asili nei luoghi di culto e con l'eliminazione quasi totale degli ordini contemplativi, la crisi si era acuita soprattutto quando nel 1870 Roma fu conquistata dai piemontesi il 20 settembre attraverso la breccia di Porta Pia. Da quella volta il papa si era ritirato nei Palazzi Vaticani e aveva interrotto ogni rapporto con lo stato italiano, Mussolini ottenne un grande successo politico iniziale con l'accordo con la Chiesa, perché il Duce aveva capito che avendo dalla sua parte il papa, intere masse di operai e soprattutto di contadini avrebbero ubbidito senza mettere in discussione l'autorità del nuovo stato fascista, in realtà screzi ci furono con Pio XI, anche se il fascismo e il potere religioso erano uniti dall'odio verso l'egualitarismo comunista e socialista. Pio XI era un papa amante dell'autorità e del potere teologico universale della Chiesa, insomma un papa di altri tempi, quindi nonostante avesse simpatia per il fascismo si scontrò con il Duce, quando il pontefice rivendicò una certa indipendenza dell'organizzazione cattolica (Azione Cattolica) nell'educare la gioventù in materia sindacale, però i contrasti furono appianati grazie all'intervento dei cardinali Gasparri e Pacelli.

CAPITOLO IV

L'INFLAZIONE

Problema fondamentale dell'economia europea dopo la guerra fu quello di controllare l'inflazione, questa politica di contenimento dell'eccessiva circolazione della moneta provocò una fortissima disoccupazione fra gli operai. Nell'agosto del 1926 in un discorso pronunciato a Pesaro, Mussolini ordinò una politica di deflazione della Lira, l'operazione fu attuata dal conte Giuseppe Volpi, Ministro delle Finanze, che fece rivalutare la Lira al fine di essere competitiva con la sterlina. Ci furono delle speculazioni economiche internazionali, per portare il valore della Lira al ribasso, subito Mussolini parlò di complotto plutocratico giudaico-massonico internazionale. Mussolini cercò di rafforzare la posizione dello stato nei confronti del grande capitale, ovviamente il Duce non voleva fermare lo sviluppo delle grandi aziende che rappresentavano l'asse portante dell'economia nazionale, ma cercò in qualche modo di controllarle e di indebolirne i legami internazionali. Nel 1928 il governo cercò di alleggerire la crisi agricola e la disoccupazione con due strumenti, con l'incremento della produzione di grano, la cosiddetta *Battaglia del grano* e con un ampio programma di lavori pubblici, con la *battaglia del grano* si cercò di migliorare la bilancia commerciale (il grano rappresentava una delle principali voci delle importazioni), in seguito raggiunse l'autosufficienza in un settore fondamentale dell'alimentazione. Furono incrementati i lavori pubblici che ebbero il loro maggiore successo con la bonifica dell'agro pontino, ovviamente per incentivare questi cosiddetti lavori pubblici furono aumentate le imposte sul reddito in particolare quelle indirette. Di fronte alla crisi delle campagne molti contadini affluirono in città in cerca di lavoro, Mussolini fu preoccupato dalla presenza di queste persone che aumentavano nei grossi centri abitati e industriali, dato che non trovando eventualmente lavoro potevano creare dei disordini e minacciare la stabilità interna dello stato, quindi il Duce attraverso l'accentuazione del ruralismo fece in modo che i contadini non abbandonassero la terra, dando dei piccoli appezzamenti di terreni, ma fu solo un palliativo perché le condizioni delle masse contadine continuarono a peggiorare, però quello di bloccare l'inurbamento, il fascismo vi riuscì, alla fine questa dottrina autoritaria si comportò nei settori economici come il liberalismo conservatore.

CAPITOLO V

I RAPPORTI CON L'ESTERO

In politica estera il fascismo fu un fiume in piena perché cercò di contrastare l'imperialismo coloniale di Francia e Gran Bretagna, anche se non fu all'altezza di competere con queste potenze coloniali. All'inizio la politica estera del fascismo fu pacifica, diciamo fino al 1935, in seguito mutò e divenne più aggressiva ed interventista, Mussolini fu un assertore della pace, ma in cuore suo era convinto che alla fine si sarebbe arrivati al conflitto, perché la situazione in Europa era fluida e poi il Duce aveva l'interesse a mantenere la situazione in Europa instabile, perché pensava che alla fine ne avrebbe tratto dei benefici territoriali ed inoltre il suo prestigio sarebbe accresciuto. Comunque la politica estera in Europa durante il ventennio fascista fu caratterizzata dall'irruenza della Germania, dal terrore che avevano le classi conservatrici nei confronti del comunismo e dalla modifica dei trattati di pace tra Paesi sconfitti e vincitori. Nei confronti del regno jugoslavo Mussolini ebbe una politica altalenante, perché da un lato favorì le relazioni diplomatiche e commerciali, su pressione dei grossi industriali italiani che si volevano espandere economicamente in quella zona e criticava l'ex ministro Sannino per la sua fissazione per la Dalmazia, che aveva fatto sì che con quell'atteggiamento deleterio e arrendevole nei confronti della Francia e Gran Bretagna, non avesse partecipato alla spartizione coloniale dei domini tedeschi. Dobbiamo riconoscere che il Duce fece di tutto per minare la stabilità territoriale e politica del nuovo regno di Jugoslavia, approfittando del crogiolo di etnie slave che componevano questo stato. L'Italia aveva una politica incostante, ora contro la Turchia, ora contro l'Etiopia, ora contro la Jugoslavia, ora contro la Francia, in Gran Bretagna il fascismo era molto tenuto in considerazione in funzione anticomunista, sia dal primo ministro Churchill e il ministro degli esteri Chamberlain, infatti osannavano il Duce e poi

vedevano nell'Italia una forza di contrapposizione alla

Francia, anche perché questo Paese dava rifugio ai vari

antifascisti fuoriusciti. La diplomazia italiana era molto tenuta

in considerazione grazie al nuovo astro nascente Dino Grandi,

che portò nelle varie sedi diplomatiche la raffinatezza fascista.

Mussolini riuscì a farsi amica l'Austria e a mitigare la

questione dell'Alto Adige (o Sud Tirol cioèle rivendicazioni

delle popolazioni di lingua tedesca che aspiravano ad unirsi al

proprio Paese: l'Austria), il Duce con la sua abilità politica

staccò questo Paese dall'influenza politica della Germania,

nonostante che i partiti di destra erano riusciti a vincere sui

socialisti. Mussolini tentò nuovamente di egemonizzare l'area

danubiano-jugoslava, ma fallì perché il suo espansionismo in

quell'area trovò la ferma opposizione della Francia, che non

voleva che l'Italia in quella zona fosse troppo forte. Altro

scontro che si ebbe tra Francia, Gran Bretagna e Italia

dall'altra, i contrasti provocati sulle riduzioni dei danni di guerra attuato dalle potenze vincitrici della prima guerra mondiale nei confronti della Germania, l'Italia era contro queste revisioni dei trattati, per quanto concerne il risarcimento economico dovuto dagli stati sconfitti (Austria e Germania) perché dei Paesi vincitori era quello economicamente più debole.

CAPITOLO VI

LA CRISI

La crisi arrivò in Italia, proveniente dall'America, nel 1930,

ma essa non si rivelò devastante come negli Stati Uniti e

Germania, che avevano avuto un forte boom economico, la

produzione italiana infatti calò in modo sensibile nel 1929-

1932, poi nel 1935 tornò agli standard normali, le piccole e

medie imprese andarono in crisi, solo la grande industria si

riprese e accentuò la concentrazione economica, fenomeno

analogo si verificò nelle aziende agricole. I salari calarono,

ovviamente la disoccupazione aumentò, l'aspettativa di vita

diminuì, il livello delle calorie procapite si ridusse in modo

drastico, il regime fascista per cercare di frenare la crisi nel

settore industriale e agricolo fece come negli U.S.A. incentivò

l'intervento dello stato, per quanto concerne i lavori pubblici,

molte opere pubbliche furono iniziate, il governo fascista per

sopperire al bisogno finanziario aumentò notevolmente le

imposizioni fiscali, questa manovra tuttavia non fu sufficiente a reperire i fondi necessari per avviare il programma delle attività pubbliche, quindi furono emessi titoli di stato (debito pubblico). L'emissione dei titoli di stato fu dovuta per attuare la spesa pubblica, vista in funzione di ammortizzatore sociale, gli industriali si lamentavano dell'alto costo della Lira, che comprimeva le esportazioni, Mussolini addiceva come scusa che il valore della Lira era dovuto a motivi di prestigio e a rassicurare i risparmiatori che avevano investito nel debito pubblico, altra cosa che gli industriali chiedevano era che il commercio fosse libero da vincoli, mantenendo solamente i dazi. Gli interventi dello stato nella vita economica furono portati avanti negli anni 1931-1934 sostanzialmente in tre maniere vennero istituite l'I.M.I. e l'I.R.I., con l'istituzione dei consorzi per regolare i nuovi impianti industriali, furono salvate così molte aziende metalmeccaniche, alcuni cantieri navali, furono anche salvate alcune banche come la Banca Commerciale, il Credito Italiano, il Banco di Roma. Inoltre, grazie all'I.M.I. e all'I.R.I. furono messi a disposizione nuovi capitali che permisero il formarsi di nuove aziende che abbatterono in parte il regime monopolistico rappresentato dalle grosse imprese industriali. I sindacati erano inesistenti e non avevano più voce in capitolo, quindi gli operai non avevano più nessuna tutela, sia contrattuale che lavorativa, i sindacati fascisti di sinistra tentarono di realizzare una specie di rivoluzione sociale, ma furono fermati dai cosiddetti fascisti conservatori che preferirono attuare un corporativismo che andasse bene sia per la classe padronale che operaia.

CAPITOLO VII

LA GUERRA D'ETIOPIA

Lo stato liberale era in crisi, specialmente in quei Paesi che non avevano una lunga tradizione democratica e liberale, poi la crisi economica aveva messo in crisi le istituzioni di questi Paesi, che si erano aperti alla democrazia (Repubblica Cecoslovacca, Regno d'Ungheria, Regno di Romania, Regno di Bulgaria, Regno di Spagna, Repubblica di Polonia, ecc.), quindi la disoccupazione e la miseria spinsero intere masse verso il comunismo e i movimenti di estrema destra (infatti in Francia e Spagna si formarono movimenti dell'ultrasinistra chiamati Fronti popolari) in altri stati ci fu la prevalenza di movimenti cattolici conservatori e corporativi che dettero una svolta autoritaria alle istituzioni dello stato. Solo in Italia e Germania il fascismo e il nazismo assunsero delle forme tipicamente totalitarie e irruenti in politica estera. In Italia e in Germania Paesi ad alta industrializzazione non ci fu l'omologazione con i ceti medi, e le classi sociali elevate optarono non per la classica soluzione conservatrice, bensì per quella fascista. Ad accentuare il malcontento delle masse tedesche oltre alla crisi economica c'era la durezza del Trattato di Versailles, che in pratica aveva umiliato pesantemente la Germania sia dal punto di vista politico che economico, invece l'Italia con la vittoria mutilata, aveva innescato in ampi settori della società italiana (nazionalisti, ex combattenti) una forte avversione verso la Francia e la Gran Bretagna, perché al nostro Paese erano stati negati una parte dei possedimenti coloniali tedeschi e gli era stata negata anche la Dalmazia a favore del nuovo Regno di Jugoslavia del re Pietro. Si può dire che il fascismo negli anni venti ebbe la propria consacrazione, negli anni 30 fu il turno del nazismo, che dopo con Hitler avrebbe preso negli anni 40 la leadership di tutti i movimenti totalitari. Il fascismo al potere incentivò le opere pubbliche e le spese per l'educazione fino al 1934.

Mussolini aveva previsto un conflitto nel 1940 fra le potenze occidentali e l'U.R.S.S., addirittura la Francia e la Gran Bretagna all'inizio trovavano nel fascismo moderato di Mussolini un mezzo per contenere l'eccessiva aggressività del nazismo, ma gli anni che seguirono smentirono questa nobile funzione del totalitarismo italiano, infatti durante gli anni 40 l'Italia fu succube della follia di Hitler. L'avvenimento clamoroso nel 1933 fu il cosiddetto *Patto a quattro* (tra Francia, Germania, Gran Bretagna e Italia) preparato da Mussolini assieme a MacDonald, questo accordo doveva delineare le zone di influenza delle quattro potenze europee, l'Italia voleva estendere la propria influenza nell'area danubiano-balcanica, però la Gran Bretagna e la Francia si opposero, queste due potenze si opposero anche all'invasione da parte dell'Italia dell'Etiopia (a molti nazionalisti bruciava ancora Adua). Nel frattempo l'U.R.S.S. entrò nella Società delle Nazioni, mentre la Germania ne uscì, giudicandola troppo di parte e faziosa, Mussolini all'inizio perseguì una politica pacifista e filo occidentale, al fine di contenere l'egemonia tedesca, infatti sul colpo di stato a Vienna e sull'uccisione dell'amico di Mussolini il cancelliere Dolfuss, Mussolini si oppose mandando le sue divisioni al Brennero, la Francia e la Gran Bretagna non si mossero e lasciarono l'Italia, questo convinse il Duce sull'ignavia (fellonia) delle potenze occidentali e a cambiare atteggiamento politico. Mussolini visto che nell'area danubiano-balcanica non aveva spazio concentrò la sua attenzione sull'Etiopia, la Francia era favorevole che l'Italia stendesse la propria egemonia in Etiopia, almeno così avrebbe allentato la propria pressione nell'area dei Paesi del sudest europeo, la Gran Bretagna non diede il benestare adducendo che i motivi della colonialismo erano anacronistici. Anche all'interno Mussolini aveva contro tutti: Badoglio, re Vittorio Emanuele III, molti gerarchi, diplomatici e industriali, la situazione interna non era idilliaca, le masse non osannavano più il fascismo, le opere pubbliche erano terminate, l'unica soluzione per catturare le masse era di trascinarle nella guerra d'Abissinia. La guerra d'Etiopia fu contrastata dal governo inglese in modo rigido, perché le sanzioni economiche furono applicate nei confronti dell'Italia ebbero un risvolto interno (ricordiamo l'*autarchia*: l'Italia importava il grano in seguito alle sanzioni Mussolini promosse l'autosufficienza). Infatti la Gran Bretagna se avesse bloccato le fornitura di petrolio e il canale di Suez avrebbe messo in serie difficoltà l'Italia per conquistare l'Etiopia. Nella penisola il popolo italiano appoggiò pienamente l'impresa africana perché veniva vista con orgoglio nazionale e come strumento portatore di civiltà europea in un Paese arretrato, dove era ancora in vigore la schiavitù. L'Italia si creò l'impero nel Corno d'Africa nonostante avesse contro l'opinione pubblica inglese e la Società delle Nazioni.

CAPITOLO VIII

POLITICA INTERNA

Il governo tedesco non vedeva di buon occhio l'autarchia italiana, perché Hitler voleva che l'economia italiana fosse succube a quella della Germania, perché così avrebbe potuto influenzare la politica italiana, diciamo che iniziava attraverso l'egemonia economica dell'alleato teutonico la lenta dipendenza del nostro Paese, l'unico che si oppose a questo malvagio progetto, fu Ciano come Ministro degli Esteri. In seguito Mussolini che adorava Hitler fece dimettere suo genero, il conte Ciano, con grave pregiudizio della politica estera italiana che ormai era alla mercé del cosiddetto alleato germanico. Dall'autarchia le industri tessili italiane che esportavano all'estero ebbero i maggiori danni, mentre alle aziende elettriche e chimiche furono concesse delle agevolazioni e si arricchirono (Montecatini, Snia Viscosa , Agip). Questa autosufficienza economica favorì le grosse concentrazioni industriali. Mussolini introdusse l'obbligo del *voi* e nelle forze armate il *passo romano*, come motivazione di questo provvedimento Mussolini addusse che si erano resi necessaril fine di temprare il carattere degli italiani, da queste scelte adottate dal Duce si deduce che il fascismo in senso positivo voleva che gli italiani s'immedesimassero nel regime. Gli italiani con il fascismo riscoprirono l'orgoglio di appartenere ad una nazione e di essere fieri e non come certe persone faziose e superficiali hanno definito il sistema totalitario del ventennio italiano un'ideologiaa metà strada fra il comico e la tragedia, meglio una dittatura e vivere economicamente bene che una pseudo democrazia borghese, dove in sostanza i ricchi fanno quello che vogliono e i poveri schiattano, almeno in un regime autoritario conosci i tuoi diritti e doveri, in un regime parlamentare italiano, così machiavellico e bizantino hai solo doveri, diritti pochi, comunque la riprova dello spirito volubile degli italiani si constatò, quando Mussolini fu detronizzato, cioè privato del potere, durante la seduta del Gran Consiglio del Fascismo (25 luglio 1943) in seguito quando andò dal re a fargli il resoconto della situazione politica fu arrestato dai carabinieri (nei secoli fedele) e messo in un'ambulanza come un pazzo e imprigionato al Gran Sasso, nessun fascista o italiano cercò di salvarlo, che schifo che mi fa il popolo, quando la dittatura collezionava successi, la gente esultava, appena le cose cominciarono ad andare male, sconfitte militari, bombardamenti a tappeto delle città (Roma, Milano, Torino, Bologna, Riccione, Napoli), sbarco alleato (anglo-americano) in Sicilia su segnalazione della mafia, che l'esercito italiano non aveva mezzi e uomini per contrastare efficacemente gli alleati, non dimentichiamoci che la mafia siciliana fece la stessa cosa con Garibaldi, quando venne nell'isola per conquistare il regno delle Due Sicilie, dato che i mafiosi e i nobili siciliani non potevano tollerare che i Borbone di Napoli ridimensionassero e controllassero il potere della mafia. Molti studiosi di parte sostennero, non sono d'accordo, che il fascismo in fin dei conti era un colosso d'argilla privo di stratificazione sociale. Alcuni politici e studiosi di storia sostennero che il fascismo incominciò a perdere consenso fra l'opinione pubblica, quando permise l'annessione dell'Austria alla Germania e i provvedimenti discriminatori contro gli ebrei che furono considerati inutili e tremendamente preconcetti inoltre andavano in parte contro l'ideologia fascista primordiale che aveva sempre esaltato la spiritualità e la tolleranza del popolo italiano, che per secoli si era mescolato con varie etnie, anche se bisogna ammettere che l'antisemitismo era presente nella piccola borghesia cattolica, ma non aveva radici di odio sviscerale come in Germania, Polonia, Ungheria e Francia, poi Mussolini aveva avuto un'amante ebrea una certa giornalista Margherita Sarfatti. Questo razzismo conclamato da Mussolini nei confronti degli ebrei fu male accolto dagli stessi gerarchi fascisti come il filosofo cattolico conservatore e Ministro della Pubblica Istruzione, Giovanni Gentile, Emilio De Bono, Federzoni e Balbo (quest'ultimo ormai era decisamente contro i tedeschi), anche il Vaticano e la Chiesa non condivisero queste odiosi leggi antisemite, anche se bisognerà aspettare gli anni sessanta con il Concilio promosso da Giovanni XXIII che decriminalizzò il comportamento degli ebrei, sulla sorte toccata a Gesù Cristo, posso dire solamente che i Giudei qualche colpa del capitalismo ce l'hanno, rispetto l'intelligenza del popolo ebraico e suoi intellettuali, anche se loro sono portatori in senso benevole di una negatività scaturita da secoli di persecuzione. Gli ebrei durante il ventennio fascista non poterono più accedere alle professioni (avvocato, notaio, farmacista, docente universitario) o ad incarichi direttivi nella pubblica amministrazione. I rapporti fra il dittatore e la casa reale, cioè il re erano sempre abbastanza cordiali, verso la fine degli anni trenta questo idillio felice s'interruppe, perché Mussolini voleva mettere sullo stesso livello il monarca e il primo ministro, questo atteggiamento mandò il sovrano su tutte le furie e segnò il distacco che si stava creando fra il fascismo populista del Duce e i conservatori monarchici che non volevano farsi travolgere dalla demagogia popolare del fascismo.

CAPITOLO IX

LA SECONDA GUERRA MONDIALE

Bottai, come molti gerarchi attenti Grandi e Ciano erano ormai consci che si sarebbe arrivati alla seconda guerra mondiale perché il trattato di Versailles aveva sancito molte umiliazioni per i vinti (Germania e Austria) e vincitori (Italia). La politica estera mussoliniana oscillò sovente tra moderatismo ed estremismo, infatti all'inizio il fascismo cercò di armonizzare i rapporti con la Francia e la Gran Bretagna, con l'Inghilterra i rapporti si guastarono durante la guerra d'Etiopia, bisogna aggiungere che la Germania durante la campagna d'Abissinia fornì armi al Negus, l'Italia per questo atteggiamento e comportamento ostile dei nazisti nei suoi confronti protestò vivamente. L'Italia seguì una politica moderata e di controbilanciamento della pressione tedesca in Europa, alleandosi con l'U.R.S.S. e con la Turchia, ma furono iniziative effimere e di breve durata, poi la guerra di Spagna che vide i fascisti a fianco di Franco, sancì definitivamente la rottura con l'Unione Sovietica che invece appoggiava il fronte popolare repubblicano (composto da comunisti, socialistie anarchici). Altro elemento che fece spostare il Duce verso una politica più filotedesca fu il disimpegno per l'integrità territoriale dell'Austria, che venne annessa alla Germania, quando l'Italiafece capire che non era più disposta a fare la guerra per l'indipendenza del piccolo Paese Ciano, Ministro degli Esteri del regime fascista e genero di Mussolini, proveniva da una famiglia borghese che aveva accumulato enormi ricchezze, suo padre, Costanzo Ciano, borghese, ricoprì numerosi incarichi ministeriali sotto il Duce, riuscì a farsi nominare conte, dato che frequentava gli ambienti aristocratici e dell'alta borghesia. Classico arrampicatore sociale, la nobiltà dovrebbe appartenere solo a chi è di famiglia aristocratica, comprare i titoli nobiliari per me è un banale narcisismo borghese, la nobiltà a prescindere dai titoli è insita nelle persone, quindi è come una

dote naturale, o ce l'hai oppure rimani sempre un grossolano.

Dopo questo mio goffo tentativo di dare una piccola

definizione di nobiltà o abbandonarmi ad un maccheronico

excursus sull'aristocrazia, chiedo umilmente scusa ai miei

lettori, però posso aggiungere che noi italiani siamo in parte

attratti dagli *aristoi* perché per millenovecentosessant'anni la

cultura nel nostro Paese è stata elitaria, cioè solo il 3% della

popolazione viaggiava e studiava all'estero, il 97% degli

italiani era tenuto nell'ignoranza e nella miseria. Ritornando a

Ciano anche lui commise le sue efferatezze, fu il mandante e

l'ispiratore dell'assassinio di Carlo Rosselli e di re Zogu

d'Albania. Dobbiamo dire che questo figlio di papà, frivolo,

superficiale, seppe affrontare con orgoglio e dignità il

processo di Verona e il plotone di esecuzione. Ciano, pur

essendo ambizioso, intelligente e mondano, non seppe andare

a fondo nei problemi come ministro degli esteri, e gli eventi drammatici lo travolsero. Alla lunga il genero ciano contestò il suocero Mussolini, perché lui borghese perbenista non poteva accettare che il Duce fosse antiborghese, proletario, guerrafondaio e filotedesco. Ciano diventò ostile nei confronti dei tedeschi dopo che la Germania annesse al Terzo Reich tedesco l'Austria (1938) e la Boemia (1939), il ministro degli esteri, quando apprese da Hitler e dal suo ministro Von Ribbentrop l'intenzione di far scoppiare la seconda guerra mondiale, possiamo dire che la politica estera di Mussolini e Ciano era un po' avventata, perché oscillava fra un atteggiamento filotedesco e contemporaneamente concludevano accordi inutili con l'Unione Sovietica. Poi Mussolini su consiglio del ministro degli esteri Ciano intraprese per motivi di scontro ideologico e prestigio la guerra di Spagna, questo fu un duro colpo alle finanze italiane dopo la guerra di Etiopia. Bisogna ammettere che il re era contro l'intervento militare nella penisola iberica. La campagna si rivelò molto dispendiosa e lunga, perché la repubblica rossa ebbe un lieve aiuto dalle democrazie occidentali e dall'Unione Sovietica, in cambio l'Italia non ebbe nulla da Francisco Franco. L'Italia intensificò i rapporti con i tedeschi nel 1936 l'asse Roma - Berlino. Nel 1937, dal punto di vista diplomatico, i rapporti di amicizia si accentuarono con il *patto tripartito* fra Germania, Giappone e Italia, in funzione antisovietica e contro anche la Gran Bretagna. La visita in Italia di Hitler ai primi di maggio riaccese in Mussolini il sentimento filotedesco, si arrabbiava contro gli italiani che avevano scarso spirito guerriero. La Germania voleva invadere la Polonia e far scoppiare il secondo conflitto, l'Italia militarmente era impreparata, quindi il Duce disse a Hitler che lui sarebbe entrato in guerra circa fra tre o quattro anni. Quando la Germania iniziò a vincere su tutti i fronti Mussolini euforico, per non essere escluso dalla spartizione dell'Europa, pur sapendo che l'esercito e l'aviazione erano impreparati a questa guerra, solo la marina era pronta per la guerra, l'Italia entròin guerra nella primavera del 1940, addirittura il re era favorevole alla guerra, assieme ai monarchici conservatori, solo Ciano continuava ad essere contrario, poi molti volevano intervenire, per impedire che alla lunga la Germania occupasse l'Italia.

CAPITOLO X

LA FINE DEL FASCISMO

L'Italia, appena entrò in guerra dovette seguire le direttive tedesche, iniziò le ostilità contro la Gran Bretagna nei suoi possedimenti coloniali inglesi: Egitto e Sudan, però l'Italia senza il consenso tedesco iniziò il 28 ottobre 1940 la campagna di Grecia, ma fu un insuccesso militare, dovette intervenire la Germania che impose la pace alla Jugoslavia e alla Grecia. Nel frattempo si stava accentuando tra il Paese, contrario alla guerra, tra cui il gerarca Grandi che vedeva ormai una catastrofe per l'Italia e stava pensando come cercare di sgombrare l'Italia dalla Germania e dal fascismo. Mussolini pur percependo l'ostilità che stava montando contro di lui, da parte del re, dall'alta borghesia, dai molti gerarchi, dagli alti funzionari, dal Vaticano, a tutti aveva reso dei favori adesso veniva isolato in modo subdolo, in lui veniva fuori il fascismo della prima ora antiborghese, antimonarchico e anticlericale. Si sa le cose quando vanno bene tutti si buttano nella barca, quando questa affonda si salvi chi può, è nella natura insita degli italiani di stare con il più forte, magari in modo machiavellico, cambiare appena le cose si mettono male, Mussolini tentò dopo duemila anni di dare un po' di orgoglio a questo popolo venduto senza ideali. Ricordiamo che il cosiddetto Risorgimento che fu una ventata d'orgoglio da parte degli italiani, fu promosso dalle elites progressiste borghesi e aristocratiche non dal popolo, che diceva sempre con la Spagna, l'Austria o la Francia, l'importante che si mangi, poi come ho già illustrato nei fascicoli precedenti la presenza dello stato della Chiesa ha sempre bloccato il formarsi di un'identità nazionale. Diciamo che quando Mussolini capì di essere stato abbandonato dalla monarchia, dalla Chiesa, dalle classi dirigenti, venne fuori il Duce estremista portavoce di un fascismo massimalista ed avanzato contro il materialismo borghese e le gerarchie ecclesiastiche considerate al pari della monarchia espressioni reazionarie dell'Italia. Durante la guerra fra italiani e tedeschi non c'erano rapporti calorosi, ma freddi e superficiali, rapporti di fiducia reciproca, accompagnati sovente da scontri fra i vari gerarchi dei due Paesi, anche perché la Germania non sempre manteneva le promesse di forniture industriali e di carbone, mentre l'Italia doveva esportare puntualmente le derrate alimentari dell'agricoltura italiana. Fra Mussolini e Hitler c'era un rapporto di amore e odio, il Duce invidiava Hitler dei suoi successi militari e la potenza che stava consolidando in Europa, dopo che la Francia, con la guerra lampo era crollata in pochissimo tempo. Il 1942 fu l'anno decisivo per la guerra, infatti la sconfitta di El Alamein e lo sbarco angloamericano in Africa fecero crollare le speranze di Mussolini nei confronti di Rimmel, poi il colpo decisivo fu dato a Stalingrado, in Russia, dove i tedeschi e gli italiani rimasti accerchiati furono massacrati, poi i massicci bombardamenti sulle città italiane fioccarono molto, che cominciarono a soffrire in modo intenso la fame, il malcontento fu accentuato dagli scioperi del marzo 1943 nelle fabbriche di Torino. Ormai si stavano sviluppando tre congiure per spodestare Mussolini dal potere, quella di Grandi che voleva far rientrare il fascismo nella legalità parlamentare, quella del maresciallo Badoglio appoggiato dai militari, quella di Bonomi guidata dagli antifascisti moderati. Il re Vittorio Emanuele III scelse quello di Badoglio, però si servì allo stesso tempo di Grandi per mettere in minoranza Mussolini, con un voto di sfiducia nel Gran Consiglio del Fascismo 25 – 26 luglio 1943, in seguito Ciano si dimise da ministro degli esteri, chiese di fare l'ambasciatore in Vaticano. Grandi fu dimesso da ministro della giustizia, ma restò presidente della *Camera dei Fasci e delle Corporazioni*. Mussolini fu arrestato dai carabinieri e trasferito sul Gran Sasso, in seguito venne liberato dai paracadutisti tedeschi. L'ultimo orgoglio fascista ferito dal tradimento del popolo italiano fu la *Repubblica Sociale*; secondo gli esponenti di sinistra e della resistenza per volere di Hitler, anche se molti fascisti di sinistra, ex comunisti, anarchici, intellettuali aderirono per la semplice ragione di difendere l'onore italiano, umiliato dalla stragrande maggioranza della gente, che abbandonò Mussolini e optò subito per i vincitori, comportamento tipico italico stare con i più forti, siamo i più grandi voltagabbana, c'è proprio da vantarsi. Mussolini e la sua grande amante, la Setacci, furono uccisi come dei vitelli, perché dopo essere stati passati per le armi, dopo unprocesso sommario i loro corpi furono portati a Piazzale Loreto, la gente vigliacca sputò e urinò sui corpi esanimi di Mussolini e della sua compagna, e dei gerarchi fascisti, che poi furono appesi, bell'esempio di democrazia e civiltà diedero i partigiani che si battevano per i nobili principi di libertà e democrazia e che tanto avevano criticato e combattuto la barbaria nazi fascista, infatti si comportarono peggio dei fascisti, infierirono su corpi già morti, non c'è nessuna giustificazione o attenuante, vergognatevi difensori del libero pensiero.

CONCLUSIONI

Il fascismo fu un grande movimento di massa che coinvolse tutti gli strati della popolazione, dal proletario all'aristocratico, fu la risposta violenta ad una borghesia liberale, vecchia e arrendevole sia nei confini del materialismo marxista e in un capitalismo cinico ed inumano, che vedeva l'uomo come vero strumento di sfruttamento sociale. Diciamolo in parole povere: il fascismo diede orgoglio e dignità ai poveri attraverso gli assegni familiari e l'I.N.A. Casa, mentre la borghesia eroica pensava solo ad esaltare il profitto e le libertà individuali (sovente concernenti intellettuali impregnati di contenuti ideologici e teorici che non avevano nessun contatto con la realtà). Il maestro contadino romagnolo (Mussolini) almeno si fece vedere a tagliare il grano assieme agli agricoltori, mentre i cosiddetti liberali stavano sul loro piedistallo a gridare solo per la loro libertà . La dittatura fascista finì male, perché ogni regime totalitario affinché colleziona successi rimane al potere, invece quando si susseguono eventi negativi i regimi prima vacillano, poi cadono, invece nelle cosiddette democrazie liberali l'assoluto non esiste, il popolo sprofonda nella perenne mediocrità ed i politici continuano a ingrassarsi alla faccia della collettività, non importa se recitano una farsa. Le dittature rivalutano di solito le origini, gli usi e costumi del popolo, le democrazie liberali con la cosiddetta *globalizzazione* distruggono l'identità culturale del proprio popolo, invocando una pseudo solidarietà mondiale che nasconde l'unica verità: il mercato e l'utile, per i grandi gruppi industriali che a loro volta controllano i politici.

TESTI CONSULTATI

D. Mack Smith "Le guerre del duce" – Roma - Bari – Laterza 1976

E. Gentile "Storia del partito fascista, 1919-1922"- Roma – Bari – Laterza 1989

R. Vivarelli "Storia delle origini del fascismo" – 2° volume, Bologna – Il Mulino 1991

Renato Ricci "Dallo squadrismo alla Repubblica Sociale Italiana" Bologna – Il Mulino 1986

"Interpretazioni del Fascismo" a cura di C. Casacci – Bologna – Il Mulino 1985

G. Toniolo "L'economia dell'Italia fascista" – Roma – Bari – Laterza 1980

Renzo De Felice "Le interpretazioni del fascismo"- Roma – Bari – Laterza 1986

C. Pavone "Una guerra civile. Saggio storico sulla moralità nella Resistenza" – Torino – Bollati,Boringheri 1991

Roberto d'Amato "L'ideologia politica della destra" Gorizia, 23 dicembre 2004

Roberto d'Amato "Hitler e il suo rapporto con il Nazismo" Gorizia giugno 2006

Roberto d'Amato Mussolini e la Repubblica Sociale (Ultimo atto) 2004